भारत भू-खण्ड अखण्ड

(सांस्कृतिक-भौगोलिक विमर्श)

भारत भू-खण्ड अखण्ड

(सांस्कृतिक-भौगोलिक विमर्श)

प्रो. दीनबन्धु पाण्डेय
वैश्विक अध्यक्ष
शोध निर्देशन मण्डल
इण्डोलॉजी फ़ाउण्डेशन
नयी दिल्ली

वाणी प्रकाशन

वाणी प्रकाशन

4695, 21-ए, दरियागंज, नयी दिल्ली 110 002

फ़ोन : +91 11 23273167 फ़ैक्स : +91 11 23275710

शाखाएँ

अशोक राजपथ, पटना 800 004, बिहार

कॉफ़ी हाउस कैम्पस, महात्मा गांधी मार्ग, इलाहाबाद 211 001, उत्तर प्रदेश

महात्मा गांधी अन्तरराष्ट्रीय हिन्दी विश्वविद्यालय, वर्धा 442 001, महाराष्ट्र

36/ए, शेक्सपीयर सरणी, रानी बिरला गर्ल्स कॉलेज के पास, कोलकाता 700 017, प. बंगाल

www.vaniprakashan.com
marketing@vaniprakashan.in
sales@vaniprakashan.in

Bharat Bhoo-Khand Akhand
(Sanskritik-Bhaugolik Vimarsh)
Nazi Yatna Shiviron Ki Trasad Gatha
by Prof. Deenbandhu Pandey

ISBN : 978-93-5518-397-2
History/Culture

प्रथम संस्करण 2023

मूल्य : ₹ 299

आर. टेक ऑफ़सेट प्रिंटर्स, दिल्ली-110 032 में मुद्रित

वाणी प्रकाशन का लोगो मक़बूल फ़िदा हुसेन की कूची से

समर्पण

सङ्कल्पित अखण्ड भारत के पुरोधा

'भारत भूषण'

पं. मदनमोहन मालवीय जी

के श्रीचरणों में समर्पित

–दीनबन्धु पाण्डेय

विषय सूची

भारत : अग्नि और उनका पुत्र

'भारत' एक देश के रूप में प्राचीन काल से परम्परया ज्ञात है। यह जानना रोचक होगा कि एक शब्द के रूप में 'भारत' का प्रयोग सर्वप्रथम कब हुआ। सर्वप्राचीन साहित्य वेद के मन्त्रों में इस शब्द का प्रयोग प्राप्त होता है। वेदों में प्राचीनतम माने जाने वाले *ऋग्वेद* के कुल ५ मन्त्र ऐसे हैं जिनमें 'भारत' शब्द प्रयुक्त है। इन सन्दर्भों का विवरण इस प्रकार है– *ऋग्वेद* के दूसरे मण्डल के सातवें सूक्त के पहले एवं पाँचवें मन्त्र, तीसरे मण्डल के तिरपनवें सूक्त के बारहवें मन्त्र, चौथे मण्डल के पचीसवें सूक्त के चौथे मन्त्र एवं छठे मण्डल के सोलहवें सूक्त के पैंतालीसवें मन्त्र, में इस शब्द का प्रयोग मन्त्रद्रष्टा ऋषि करते हैं–

ऋग्वेद

मण्डल - २ सूक्त - ७ मन्त्र - १

श्रेष्ठं यविष्ठ भारताग्ने द्युमन्तमा भर।
वसो पुरुस्पृहं रयिम् ॥

[हे अतिशय तरुण, ऋत्विजों के सम्बन्धी एवं व्याप्त अग्नि! हमें अति प्रशंसनीय, तेजस्वी एवं बहुत से याचकों द्वारा माँगा गया धन प्रदान करो ॥२.७.१॥]

ऋग्वेद

मण्डल - २ सूक्त - ७ मन्त्र - ५

त्वं नो असि भारताग्ने वशाभिरुक्षभिः अष्टापदीभिराहुतः ॥

[हे ऋत्विजों का भरण करने वाले भारत-अग्नि! तुम हमारे हो। तुम अप्रसूती गायों, बैलों एवं गर्भिणी गायों द्वारा बुलाये गये हो ॥२.७.५॥]

ऋग्वेद

मण्डल - ३ सूक्त - ५३ मन्त्र - १२

य इमे रोदसी उभे अहमिन्द्रमतुष्टवम्।
विश्वामित्रस्य रक्षति ब्रह्मेदं भारतं जनम् ॥

[हे पुत्रो! मैं विश्वामित्र धरती और आकाश द्वारा इन्द्र की स्तुति करता हूँ। यह स्तोत्र भरतवंशीय लोगों की रक्षा करे ॥३.५३.१२॥]

ऋग्वेद

मण्डल - ४ सूक्त - २५ मन्त्र - ४

तस्मा अग्निर्भारतः शर्म यंसज्ज्योक् पश्यात् सूर्यमुच्चरन्तम्।

[हवि के स्वामी भारत-अग्नि यजमान के लिए सुखद एवं वह बहुत काल तक उदय होते हुए सूर्य को देखे ॥४.२५.४॥]

ऋग्वेद

मण्डल - ६ सूक्त - १६ मन्त्र - ४५

उदग्ने भारत द्युमजस्रेण दविद्युतत्।
शोचा वि भाह्यजर ॥

[हे हव्यवहन करने वाले (भारत) अग्नि! तुम अपने तेज को बढ़ाते हुए प्रज्वलित होओ, हे युवा एवं परम दीप्तिसम्पन्न अग्नि! तुम निर्बाध तेज द्वारा प्रकाशित बनो ॥६.१६.४५॥]

किन्तु, इन सन्दर्भित ५ मन्त्रों में से ४ मन्त्रों में 'भारत' शब्द का अर्थ 'अग्नि' है अथवा वह अग्नि का नाम है। केवल मन्त्र ३.५३.१२ में भरतवंश के सन्दर्भ में है।

'भारत' अपनी शब्द-संरचना की दृष्टि से 'भरत' शब्द से विकसित हुआ रूप है और 'भरत' का मूल 'भृ' है। 'भृ' का अर्थ संस्कृत साहित्य में 'पुष्टि' अर्थात् पोषण के अर्थ में है जैसा कि *कविकल्पद्रुम* नामक ग्रन्थ से उद्धृत है—**'भृतिपुष्ट्योः'** (*शब्दकल्पद्रुम*, भाग ३, पृ. ५३८) साथ ही इसका स्पष्टीकरण भी दिया है **'भृति भरणं पुष्टि पोषणम्'**। यहाँ एक ध्यान देने की बात यह है कि कर्म विशेष के हेतु से भारतीय परम्परा में २८ प्रकार की अग्नि का उल्लेख है। इस सूची में २३वें स्थान पर पुष्टि नामक अग्नि है **'पौष्टिके बलदश्चैव'** (*गोभिलपुत्रकृतसङ्ग्रह, शब्दकल्पद्रुम*, भाग ३, चौखम्बा संस्कृत सीरीज, वाराणसी, १९६७, पृ. ८)। अग्नि का तुष्टि एवं पुष्टि के सन्दर्भ से *महाभारत* (गीता प्रेस संस्करण, वनपर्व, २२३.१) में मार्कण्डेय ऋषि द्वारा युधिष्ठिर को विस्तार पूर्वक 'अग्नि के वंश वर्णन' (**अग्नीनां विविधाः वंशाः कीर्तितास्ते मयानघ**) में उल्लेखित करना वर्त्तमान विषयान्वेषण की दृष्टि से महत्त्वपूर्ण है— **अग्निः पुष्टिमतिर्नाम तुष्टः पुष्टिं प्रयच्छति** (अध्याय २२१.१)। इसी प्रकार एक दूसरे स्थान पर (अध्याय २२१.१०) दुर्बल प्राणियों को 'प्राण' एवं 'बल' प्रदान करने वाली अग्नि को 'बलद' संज्ञा दी गयी है— **दुर्बलानां तु भूतानामसून् यः सम्प्रयच्छति, तमग्निं बलदं प्राहुः ...**।

'भृ' के आधार पर विकसित अनेक शब्द वैदिक-संहिताओं में प्राप्त हैं, उदहारण के लिए—भरण, भरत, भरति, भरते, भरन्त, भरन्ते, भरन्ति, भरन्ती, भरिभू, भरसे, भारत, भारतम्, भारता, भारति, भारती, भारि, (*वैदिक पादानुक्रमकोश*, संहिता

भाग १, खण्ड ४, होशियारपुर, १९५४, पृ. २३२८, २३७१-२३७२ तथा २३७५-२३७६)। मोनिअर मोनिअर विलियम्स की प्रसिद्ध *संस्कृत-इंग्लिश डिक्शनरी* (ऑक्सफोर्ड, १८९९, पृ. ७४७, ७६४) भी 'भृ' से 'भर' भरण-पोषण (विशेषतः 'कुल' एवं 'देह' के सन्दर्भ में maintainig, supporting, cherish एवं foster) के अर्थ में उल्लिखित किया है।

आरम्भ काल में आर्य-जन ने अपने भरण-पोषण के लिए एकत्रित सामग्री को भोज्य-रूप देने के लिए जिस पुष्टि नामक अग्नि का सहारा लिया उसे ही ऋषि-परम्परा ने भरण-पोषण एवं बल-प्रदान में सहयोगी होने के कारण 'भरत' संज्ञा से अपने मन्त्रों में अभिहित किया। यहाँ भरत भरण-पोषण की सामग्री तथा उसे भोज्य-रूप प्रदायी अग्नि का पर्याय शब्द है। वैदिक अग्नि के उद्भव एवं विकास का ललित मिश्र द्वारा किया गया एक वैज्ञानिक विमर्श सन्दर्भ योग्य है। (द्रष्टव्य, *वेदविज्ञान भास्वती,* काशी हिन्दू विश्वविद्यालय, भाग १, २०२२, पृ. १२६-१२७)।

अग्नि को रिनन्तर जाग्रत रखने की प्रक्रिया थी। जैमिनि ऋषि के प्रश्नों के उत्तर में इसका सुन्दर विवेचन मार्कण्डेय ऋषि ने अङ्गिरा ऋषि के शिष्य भूति द्वारा अपने शिष्य शान्ति को आदेशित करने के सन्दर्भ में दिया है–

प्रति जागरणं वह्नेस्त्वया कार्यं ममाश्रमे।
तथा तथा प्रयत्नेन यथाग्निर्न शमं व्रजेत् ॥

(मेरे आश्रम पर अग्नि को जाग्रत रखना तुम्हारा कार्य होगा, तुम प्रत्येक प्रयत्न ऐसा करना जिससे अग्नि शान्त न होने पावे।)

मार्कण्डेय पुराण, ९९.१४

अग्नि शान्त न हो इसकी चिरकालिक परम्परा ब्राह्मणों के घरों में हाल के पिछले दिनों तक चलती रही है। बचपन की स्मृति है, मेरे घर में मिट्टी की अँगीठी (बोरसी) में गाय के गोबर

से बने उपले से धीमा-धीमा धुआँ अनवरत निकलता रहता था और मुहल्ले के आम तौर से सभी घरों से कोई न कोई आकर अपने लाये उपले का आधा तोड़ कर रख देता और जलते हुए उपले से थोड़ी आग अपने आधे उपले पर ले जाते थे। ब्राह्मणों में 'अग्निहोत्री' उपाधिनाम वाले वैदिक-अग्नि को वर्तमान तक परम्परया जाग्रत रखने वाले माने जाते हैं।

काशी के सम्भ्रान्त नागरिक एवं हिन्दी साहित्य के जाज्वल्यमान साहित्यकार पद्मविभूषण राय कृष्णदास जी काशी हिन्दू विश्वविद्यालय में स्व-संस्थापित 'भारत कला भवन' संग्रहालय के मानद निदेशक के रूप में 'सीता निवास' नामक भवन [जो विश्वविद्यालय की एक डॉक्टर सिताबो बाई, जिनका नाम महामना मालवीय जी ने सुधार कर 'सीता देवी' रखा था, द्वारा निर्माण करा कर दान किया गया था] में रहते थे, वे विश्वविद्यालय के ही एक 'अग्निहोत्री' जी का बहुत आदर इस भाव से करते थे कि इस उपाधिनाम वाले ब्राह्मण वैदिक-अग्नि को आज तक सञ्चित किये हुए हैं। 'अग्निहोत्री' ब्राह्मणों द्वारा वैदिक-अग्नि के सञ्चित रखने की बात। राय कृष्णदास जी ने मुझे बतायी थी, उन दिनों मैं उनके पौत्रों-पौत्रियों को सायंकाल पढ़ाने जाता था।

पद्मविभूषण राय कृष्णदास एवं उनका काशी हिन्दू विश्वविद्यालय में आवास 'सीता-निवास'

वेदों के पूर्व-काल से ही अग्नि के महत्त्व को मान्यता मिली थी जिस कारण *ऋग्वेद* के अनेक (कुल २१८) सूक्तों में अग्नि को देवता के रूप में उल्लिखित किया गया है—(१.१, १.१२-१४, १.१९, १.२१, १.२४, १.२६-२७, १.३१, १.३६, १.४४-४५, १.५८-६०, १.६५-७९, १.९३-९९, १.१०८-१०९, १.१२७-१२८, १.१४०-१५०, १.१८८-१८९, २.१-१०, २.३५, २.३७, ३.१-७, ३.९-२९, ३.५५, ४.१-१५, ५.१-२८, ५.३०, ५.५१, ५.५६, ५.६०, ५.६८, ६.१-१६, ६.४८, ६.६०, ७.१-१७, ७.४१, ७.५०, ७.९३-९४, ८.११, ८.१९, ८.२३, ८.३८-४०, ८.४३-४४, ८.४९, ८.६०-६१, ८.६३-६५, ८.७३, ८.९१-९२, ९.६६, १०.१-८, १०.११-१२, १०.१६, १०.२०-२१, १०.४५-४६, १०.५२-५३, १०.६९-७०, १०.७९-८०, १०.८७-८८, १०.११०, १०.११५, १०.११८, १०.१२२, १०.१३६, १०.१४०, १०.१४२, १०.१५०, १०.१५६, १०.१८७-१८८, १०.१९१)। यह उद्धरण भी रोचक होगा कि *ऋग्वेद* के प्रथम मण्डल के प्रथम सूक्त के प्रथम मन्त्र का आरम्भ ही 'अग्नि' की स्तुति के उल्लेख के साथ आरम्भ होता है— **अग्निमीळे पुरोहितं...**(मैं अग्नि की स्तुति करता हूँ।) इस वेद का अन्त भी अग्नि के साथ ही होता है जहाँ अग्नि अन्तिम दशम मण्डल के अन्तिम सूक्त १९१ के देवता के रूप में मान्यता पाते हुए प्रथम मन्त्र में उल्लिखित होते हैं— **संसमिद्युवसे वृषन्नग्ने...**।

महाभारत (गीता प्रेस संस्करण) के एक वर्णन में मनु एक अग्नि-विशेष का नाम है (**अग्निश्चापि मनुर्नाम प्राजापत्यं सकारणम्**।। वनपर्व, २२१.४) जो तप नाम धारण करने वाले पाञ्चजन्य नामक अग्नि का पुत्र था (वनपर्व, २२०.५, *प्राचीन भारतीय चरित्र कोश*, सिद्धेश्वर शास्त्री चित्राव, पूना, पृ. ६०५)।

महाभारत (गीता प्रेस संस्करण) में भरत नामक अग्नि के कुछ पुत्रों का मूल नाम बताया गया है जो भरत नाम से भी जाने जाते थे। इनमें बृहस्पति के प्रथम अग्नि पुत्र का नाम शंयु था (**सोऽग्निबृर्हस्पतेः पुत्रः शंयुर्नाम महाव्रतः**।। वनपर्व, २१९.२) और उनके द्वितीय पुत्र का नाम भरत था (**भरतो नामतः सोऽअग्निर्द्वितीयः शंयुतः सुतः**।। वनपर्व, २१९.६)। इस भरत का एक दूसरा नाम ऊर्ज था (वनपर्व, २१९.६ के अनुवाद में स्पष्ट है– "वह 'भरत' (ऊर्ज) नामक अग्नि शंयु का द्वितीय पुत्र है जिसका जन्म शंयु की दूसरी स्त्री के गर्भ से हुआ था") 'ऊर्जस्कर' (द्रष्टव्य, एस. सोरेंसन, *इण्डेक्स टू दि नेम्स इन दि महाभारत,* १९०४, पुनर्प्रकाशन नयी दिल्ली, १९६५, पृ. ६९४, "giving vigour " said of fires (III, 14181) pāvakān। अग्नि से ऊर्ज की उत्पत्ति *वायु पुराण* में कही गयी है (**वेगावन्तस्त्वरिष्टाया ऊर्जायाश्चाग्निसम्भवा**, ६९.५४) जिसके पुत्र का नाम भी भरत ही था (**भरतस्तु सुतस्तस्य भरत्येका च पुत्रिका**। *महाभारत,* वनपर्व, २१९.७)।

इस अग्नि को धारण करने वाला स्वस्थ तथा बलवान होता था इसलिए इसे पुष्टिमान कहते थे (**अग्निः पुष्टिमतिर्नाम तुष्टः पुष्टिं प्रयच्छति**। *महाभारत,* वनपर्व, २२१.१)। अग्नि के एक अन्य भरत नाम के पुत्र को 'अद्भुत' के नाम से जाना जाता था (**अद्भुतस्याद्भुतं पुत्रं** ..., *महाभारत,* वनपर्व, २२३.२)। अद्भुत को एक अग्नि स्वरूप पुत्र उत्पन्न हुआ जिसका नाम भरत था। वह जो शवों का दहन करता था (**दहन् मृतानि भूतानि तस्याग्निर्भरतोऽभवत्**, *महाभारत,* वनपर्व, २२२.६) उसे ही दूसरा नाम 'नियत' भी प्राप्त था (**अग्निष्टोमे च नियतः क्रतुश्रेष्ठो भरस्य तु,** *महाभारत,* वनपर्व, २२२.६)। जल (आप) में निवास करने वाले 'सह' नामक अग्नि का उल्लेख मिलता है (**आपस्य मुदिता भार्या सहस्य परमा प्रिया**, *महाभारत,*

वनपर्व, २२२.१)। सह नामक अग्नि के पृथिवी में विलीन होने (**स तच्छरीरं संत्यज्य प्रविवेश धरां तदा,** *महाभारत,* वनपर्व, २२२.१३) से धातुओं की सृष्टि कही गयी है (**भूमिं स्पृष्ट्वासृजद्धातून् पृथक् पृथगतीव हि,** *महाभारत,* वनपर्व, २२२.१३)। सह के शरीर के विभिन्न भागों से कई-कई धातुएँ उत्पन्न हुईं गन्धक, तेजस, देवदारु, स्फटिक, मरकत मणि, काष्ठ, पाषाण, लोहा, मेघ, मूँगा आदि नाना धातुएँ उत्पन्न हुईं (*महाभारत,* वनपर्व, २२२.१४-१६)–

पूयात् स गन्धं तेजश्च अस्थिभ्योः देवदारु च।
श्लेष्मणः स्फाटिकं तस्य पित्तान्मामारकतं तथा ॥

महाभारत का यह कथन कि सह नामक अग्नि के अदृश्य होने पर अथर्वा ने इस अग्नि को पुनः प्रगट किया उस वैदिक सन्दर्भ के आधार पर है कि भृगुवंशी ऋषियों ने अग्नि को जलों के बीच ढूँढ़ा–

इमं विधन्तो अपां सधस्थे पशुं न नष्टं पदैरनु ग्मन्।
गुहा चतन्तमुशिजो नमोभिरिच्छन्तो धीरा भृगवोऽविन्दन् ॥

(*ऋग्वेद,* १०.४६.२)

लोग जिस प्रकार पैरों के निशान देखकर चुराये हुए पशुओं का पीछा करते हैं, उसी प्रकार तुम्हारी सेवा करने वाले ऋषियों ने जलों के बीच तुम्हें ढूँढ़ तुम्हारी कामना करने वाले एवं बुद्धिमान भृगुवंशी ऋषियों ने एकान्त में छिपे हुए अग्नि को स्तुतियों द्वारा प्राप्त किया।

महाभारत में आगे वर्णित हैं कि अथर्वा द्वारा इस अग्नि को पुनः प्रगट करने पर नदी-नद उस अग्नि के स्थान हुए–

एता नद्यस्तु धिष्यानां मातरो याः प्रकीर्तिताः।

(*महाभारत,* वनपर्व, २२२.१८-१६, २२-२५)

सन्दर्भित नदी-नदों के नाम इस प्रकार कहे गये हैं–

सिन्धुनद, पञ्चनद, देविका, सरस्वती, गङ्गा, शतकुम्भा, सरयू, गण्डकी, चर्मण्वती, मही, मेध्या, मेधातिथि, ताम्रवती, वेत्रवती, कौशिकी, तमसा, नर्मदा, गोदावरी, वेणा, उपवेणा, भीमा, वडवा, भारती, सुप्रयोगा, कावेरी, मुर्मुरा, तुङ्गवेणा, कृष्णवेणा, कपिला तथा शोणभद्र–ये सब नदियाँ और नद हैं, जो अग्नियों के उत्पत्ति-स्थान कहे गये हैं। (*महाभारत,* वनपर्व, २.२२.२५)

महाभारत चाहे जब लिखा गया हो उसका कथानक द्वापर युग का है जिसमें प्राचीन गाथाओं-परम्पराओं के सन्दर्भ हैं और सद्यः जिसकी चर्चा यहाँ की जा रही है उसके 'अद्भुत' नामक अग्नि का महाभारतकार वैदिक सन्दर्भ उद्धृत कर रहे हैं जो ऐतिहासिक दृष्टि से बड़े महत्त्व का है– **अद्भुतस्य तु माहात्म्यं यथा वेदेषु कीर्तितम्** (*महाभारत,* वनपर्व, २२२.३०)।

समय के प्रवाह के साथ मानव समूह के प्रतिनिधि 'मनु' जिन्हें 'वैवस्वत मनु' भी कहा जाता है और मानव जाति का पिता माना जाता है, वे वैदिक संहिताओं में उल्लिखित हुए हैं (*ऋग्वेद,* १.८०.१६ **यामथर्वा मनुष्पिता दध्यङ् धियमत्नत**; ११४.२; **यच्छं च योश्च मनुरायेजे पिता तदश्याम तव रुद्र प्रणीतिषु ॥ यानि मनुरवृणीता पिता नस्ता शं च योश्चरुद्रस्य वश्मि ॥** २.३३.१३; *अथर्ववेद,* १४.२.४१; *तैत्तरीय संहिता,* २.१.५.६)। मनु मानव समाज के 'आदिपुरुष' हुये और तत्युगीन ऋग्वैदिक मानव-समाज ने उन मनु द्वारा बताये गए मार्ग से अपने को ले जाने के लिए देवताओं से प्रार्थना की थी–

मा नः पथः पियान्मानवादधि दूरं नैष्ट परावतः ॥

(*ऋग्वेद,* ८.३०.३)

[(हे देवो) हमारे पिता मनु के दूरागत मार्ग से हमें भ्रष्ट मत करना।]

मनु को मानव जाति के "पिता" के रूप में ऋषियों ने मान्यता दी है। *ऋग्वेद* में कुल २० बार सन्दर्भित मनु को ७ बार पिता कहा गया है, उदाहरण के तौर पर (**यामथर्वा मनुष्पिता दध्यङ् धियमतन्त।** *ऋग्वेद,* १.८०.१६; **यच्छं च योश्च मनुरायेजे पिता तदश्याम तव रुद्र प्रणीतिषु ॥** वही, १.११४.२; **जोहूत्रो अग्निः प्रथमः पितेवेळम्पदे मनुषा यत् समिद्धः।** वही, २.१०.१; **यानि मनुरवृणीता पितानस्ता शं च योश्च रुद्रस्य वश्मि ॥** वही, २.३३.१३; **मनोर्देवा यज्ञियामः ॥** वही, ८.३०.२; **मानः पथः पित्र्यान्मानवादधि दूरं नैष्ट परावतः ॥** ८.३०.३; **यस्य द्वारा मनुष्पिता देवेषु धिय आनजे ॥** ८.६३.१ और *तैत्तिरीय संहिता,* मनुष्यों को 'मनु की प्रजा' (**मानव्यः प्रजाः,** १.५.१.३) कहती है। ऐसा कहा गया है कि इन्हीं मनु के लिए इन्द्र ने धरती और जल की रचना की (**अजनयन् मनवे क्षामपश्च सत्रा शंसं यजमानस्य तूतोत् ॥** *ऋग्वेद,* २.२०.७)।

शतपथ ब्राह्मण (१३.४.३) के काल तक आते-आते मनु को राजा के रूप में प्रतिष्ठित कर दिया गया।

मनु की प्रजा के मानव-समूह को 'भरत' (**यदङ्ग त्वा भरताः संतरेयुर्गव्यन्ग्राम इषित इन्द्रजूतः।** *ऋग्वेद,* ३.३३.११, **अतारिषुर भरता गव्यवः समभक्तविप्रः सुमतिंनदीनाम्।** *ऋग्वेद,* ३.३३.१२ एवं **दण्डा इवेद्गो अजनास आसन्परिच्छिन्ना भरता अर्भकासः।** *ऋग्वेद,* ७.३३.६) कहा जाने लगा जिसके श्रेष्ठ व्यक्ति विश्वामित्र थे जो 'ऋषभ' कहलाते थे (*ऐतरेय ब्राह्मण,* ७.१७; *ऋग्वेद,* ३.५३.२४ भरतर्षभ)। *शतपथ ब्राह्मण* के मन्त्र १.४.२.२ से ज्ञात होता है कि अग्नि के माध्यम से देव हव्य-पोषित होते थे अतः अग्नि की संज्ञा 'भरत' हुई (**एष अग्निः हि देवेभ्यो हव्यं भरति। तस्माद् भरतोऽअग्निरित्याहुः**)।

वासुदेव शरण अग्रवाल जी ने *यजुर्वेद संहिता* के सन्दर्भ से सुझाया है कि मनुष्यलोक का भरण-पोषण करने के कारण यह

अग्नि भारत कहलायी इसके लिए सन्दर्भित मन्त्र '**अग्ने महा असि ब्राह्मण भारतेति**' उद्धृत किया है जो वस्तुतः *यजुर्वेद* में नहीं बल्कि *ऋग्वेद* के *कौषीतकि* (३.२ **अग्ने महा असि ब्राह्मण भारतेति। अग्निर्वै भरतः।**) एवं *कृष्णयजुर्वेद* के *तैत्तिरीय ब्राह्मण* (३.५.३.१ **अग्ने महा असि ब्राह्मण भारतेति।**) में प्राप्य है।

राजा का कार्य प्रजा का पालन करना होता है। प्रजा के योग-क्षेम का आधार राजा ही होता है। मनु ने यह कार्य बड़ी दक्षता से किया फलस्वरूप *महाभारत, मत्स्य पुराण* एवं *वायु पुराण* के अनुसार मनु को 'भरत' कहा गया—

गुरुभिर्नियमैर्युक्तो भरतो नाम पार्थिवः।
अग्निः पुष्टिमतिर्नाम तुष्टः पुष्टिं प्रयच्छति।

भरत्येव प्रजाः सर्वास्ततो भरत उच्च्यते।।
अग्निश्चापि मनुर्नाम प्राजापत्यं सकारणम्।।

(*महाभारत*, बम्बई संस्करण, १९०८, वनपर्व, २२३.१, ४)

भरणात् प्रजानां चैव मनुर्भरत उच्च्यते।

(*मत्स्य पुराण*, ११४.५)

भरणाच्च प्रजानां वै मनुर्भरत उच्च्यते।

(*वायु पुराण*, ४५.७६.)

मनु और भरत दोनों में ही अग्नि का आवेश है और अग्नि की कृपा से ही धन की प्राप्ति और उन्हीं की कृपा से धन की वृद्धि एवं यश की प्राप्ति तथा अनेकशः वीर पुरुषों का साथ मिलता है (*ऋग्वेद*, १.१.३ **अग्निना रयिमश्नवत् पोषमेव दिवेदिवे यशसं वीरवत्तमम्**) और उसी अग्नि से धन के साथ अन्न तथा शरीर-रक्षा के साधन प्राप्त होते हैं (**दधिर्यो धायि स वयंसि यन्ता वसूनि विधते तनूपाः**, *ऋग्वेद*, १०.४६.१)।

इस प्रकार आरम्भिक आर्य-जनों की अपने भरण-पोषण के लिए जिस अग्नि का सहारा लिया गया वह 'भरत' नामक अग्नि ही राजा पर आरोपित हुई।

ऋग्वेद के षष्ठ मण्डल के सूक्त १६ के देवता अग्नि को सम्बोधित करते हुए ऋषि बार्हस्पत्य भरद्वाज द्वारा मन्त्र ४ में अग्नि की पूजा करने वाले भरत का व्यक्ति रूप में उल्लेख हुआ है– **त्वामीळे अध द्विता भरतो वाजिभिः शुनम्** (हे अग्नि! भरत ने सुख पाने के लिए ऋत्विजों के साथ मिल कर तुम्हारी स्तुति की थी) और निम्नोद्धृत तीन मन्त्रों में भारतवंशियों (भरता) का उल्लेख है–

यदङ्ग गत्वा भरताः संतरेयुर्गव्यन् ग्राम इषित इन्द्रजूतः।
अर्षादह प्रसवः सर्गतक्त आ वो वृणे सुमतिं यज्ञियानाम्॥

(*ऋग्वेद*, ३.३३.११)

अतारिषु भरता गव्यवः स मभक्त विप्रःसुमतिं नदीनाम्।
प्रपिन्वध्वमिषयन्तीः सुराधा आवक्षणाः पृणध्वं यात शीभम्॥

(*ऋग्वेद*, ३.३३.१२)

दण्डा इवेद्गो अजनास आसन् परिच्छिन्ना भरता अर्भकासः।
अभवच्च पुरएता वसिष्ठ आदित् तृत्सूनां विशो अप्रथन्त॥

(*ऋग्वेद*, ७.३३.६)

आर्य परम्परा में 'भरत' एक संज्ञा के रूप में परवर्ती काल के राजाओं (भरत दौष्यन्ति) एवं व्यक्तियों (भरत दाशरथि, जड़ भरत, ऋषभ-पुत्र भरत आदि) तथा मन्त्र-द्रष्टा ऋषि नाम रूप (*ऋग्वेद*, ३.२३, ५.२७) गृहीत हुआ। कुछ और भी सन्दर्भ उल्लेख्य हैं जैसे कि पुरोहित (ऋत्विज) भरत (पाठभेद 'भारत') [*नैघण्टुक*, ३.१८]; भरत नाम की वह अग्नि जिसमें ब्राह्मणों के लिए चावल (भात) पकाया जाता था (कोशों में सन्दर्भित, *संस्कृत-इंगलिश डिक्शनरी*, मोनिअर मोनिअर विलियम्स, आक्सफोर्ड, १८९९, पुनःप्रकाशित १९९४, पृ. ७४७); भरत नामक रुद्र

(मरुत जिनके पुत्र थे, *ऋग्वेद,* २.३६.८); भरत नामक आदित्य (*निरुक्त,* ८.१३); ध्रुवसन्धि के पुत्र भरत जो असित के पिता थे (**सुसन्धेरपि पुत्रौ द्वौ** ध्रुवसन्धिः **प्रसेनजित। यशस्वी ध्रुवसन्धेस्तु भरतो नाम नागतः॥ भरतात्त महातेजा असितो नाम जातवान्।** *वाल्मीकीय रामायण,* १.७०.२७-२८; **यशस्वी ध्रुवसन्धेस्तु भरतो रिपुसूदनः। भरतात्तु महाबाहोरसितो नाम जायत॥** *वाल्मीकीय रामायण,* २.११०.१५)।

वीतिहोत्र (*ऋग्वेद,* १.८४.१८, **को अग्निमीळे हविषा...मंसते वीतिहोत्रः सुदेवः।।**; अग्नि का पर्याय (*अमरकोष,* १.१.५३) पुत्र भरत (*वायु पुराण,* मोनिअर मोनिअर विलियम्स, पृ. ७४७ में सन्दर्भित; *वायु पुराण* अध्याय ६४.५२-५३ वीतिहोत्र का उल्लेख मध्यकालीन शासक-वंशों के पूर्व-पुरुष के रूप में तालजङ्घ के १०० पुत्रों में प्रथम कहा गया है); अग्नि के वरदान से उत्पन्न १४वें 'मनु भौत्य' जिनका उल्लेख *मार्कण्डेय पुराण* के मन्वन्तर वर्णन में चार बार [**मन्वन्तराधिपः पुत्रो भौत्यो नाम भविष्यति** (१००.१३, २७, ३३, एवं ५३.३६); **सावर्णिः पञ्च रौच्याश्च भौत्याश्चागमिनस्त्वमी** (५३.८); **भौत्यो नाम मनुस्तस्य पुत्रो भूतेरजायत** (१००.२७), और *वायु पुराण* के मन्वन्तर वर्णन में तीन बार [**ओजस्वी सुबलश्चैव भौत्यस्यैते मनोः सुताः** (१००.११६), **रौच्यो भौत्यश्च यौ तौ तु मनोः पौलह भार्गवो। भौत्यस्यैवाऽऽधिपत्यैते तु पूर्णः कल्पस्तु पूर्यते।।** १००.११७ A] हुआ है, उन भौत्य की दो परम्पराएँ कही गयी हैं (*मार्कण्डेय पुराण,* १००.२७, ३३ एवं ५३.३६), एक में भरत उनके पुत्र हैं (१००.३२-३३) और दूसरे में भरत उनके प्रपौत्र हुए [**ऋषभाद्भरतो जज्ञे वीरः पुत्र शताद्वरः** (*मार्कण्डेय पुराण,* ५३.३८); एवं *शब्दकल्पद्रुम,* भाग ३, पृ. ५५५-५६; *संस्कृत-इंग्लिश डिक्शनरी,* मोनिअर मोनिअर विलियम्स, ऑक्सफोर्ड, १८९९, पुनप्रकाशित १९६४, पृ. ७४७ भी द्रष्टव्य,] इन्हीं भरत को हिमालय पर्वत के दक्षिण का समस्त भूभाग प्रदान किया गया–

हिमाह्वं दक्षिणं वर्षं भरताय पिता ददौ।

मार्कण्डेय पुराण, ५३.४०

भरत अग्नि का ही एक नाम था अतः व्यवहार में अग्नि के किसी अन्य रूप के लिए भी इस भरत शब्द का प्रयोग किया गया जैसे कि मेरु पर्वत के दक्षिण में चमकने वाले आदित्य (सूर्य) का नाम भरत (**भरत आदित्यस्तस्य भाः**, *निघण्टु* एण्ड *निरुक्त*, लक्ष्मण सरूप, दिल्ली, १९६७, ८.१३, पृ. १५४; *संस्कृत-इंग्लिश डिक्शनरी*, मोनिअर मोनिअर विलियम्स, ऑक्सफोर्ड, १८९९, पुनर्प्रकाशित १९६४, पृ. ७४७)। *शुक्लयजुर्वेद* में अग्नि को ज्योति और सूर्य को ज्योति एवं अग्नि कहा गया है (**अग्निर्ज्योति ज्योतिरग्नि स्वाहा। सूर्योज्योति ज्योतिरग्नि स्वाहा**। ३.९) इसी प्रकार *शतपथ ब्राह्मण* में भी अग्निहोत्र को सूर्य से सम्बद्ध किया है (**सूर्यो ह वाऽअग्निहोत्रम्**। २.३.१.१)।

इस प्रकार मूलतः भरण और पोषण प्रदान करने वाली 'प्रकृति' व प्रकृति-दत्त 'अग्नि' ही भरत एवं उसके क्षेत्र और मानवीय-समूह को 'भारत' की संज्ञा प्राप्त हुई—

तस्मात्तु भारतं वर्षं तस्य नाम्ना महात्मनः।।

(*मार्कण्डेय पुराण*, ५३.४०)

आसीत्पुरा मुनिश्रेष्ठ भरतो नाम भूपतिः।।
आर्षभो यस्य नाम्नेदं भारतं खण्डमुच्यते।।

(*नारद पुराण*, १.४८.५)

निरुक्तवचनेश्चैव वर्षं तद् भारतं स्मृतम्।।

(*मत्स्य पुराण*, ११४.५)

निरुक्तवचनाच्चैव वर्षं तद् भारतं स्मृतम्।।

(*वायु पुराण*, ४५.७६)

भारत भू-खण्ड

आरम्भिक आर्य-जनों की अपने भरण-पोषण के लिए प्राकृतिक आधार की मूल-भूमि ही वह भू-खण्ड है जिसे परम्परा में वर्ष, देश एवं खण्ड कहा गया है।

भारतवर्ष के उदाहरण (*भागवत पुराण*, १.१६.१२; १०.२.७८.४०, **ततश्च भारतं वर्षं**; *नरसिंह पुराण*, अध्याय ३०, **भारतं वर्षमभूत**; **भारवि भारतं हरिवर्षञ्च भूकलः**; *शब्दकल्पद्रुम*, **दक्षिणे भारतं वर्षम्**; *स्वच्छन्द; तन्त्र*, १०.२४०; *ब्रह्माण्ड पुराण*, **भारतं प्रथमं वर्षं**; *कादम्बरी*, पूर्वभाग, **कीदृग भारतं वर्षम्**; *मृगेन्द्र तन्त्र*, १,१३.६९, **निषधाद्धरिवर्षे ... नाम्ना किंपुरुषं ख्यातं भारतं**; *अमरकोष*, २.१.१४, **लोकोऽयं भारतं वर्षं**; *हर्षचरित*, १.१.३, **यो वर्षमिव भारतं**; *विष्णुधर्मोत्तर पुराण*, ३.२७.२० **जम्बूद्वीपस्य वर्षेषु मुक्तवैकं भारतं**; *महाभारत*, ६.६.५ **बर्ष भारत भातरम्**; *महाभारत*, ६.६.७, **हिमवतो दक्षिणे भारतं वर्षं,** *महाभारत*, ६.९.२, **यदिदं भारतं वर्षं**, *महाभारत*, ६.१२.५१, **इदं तु भारतं वर्षं,** *महाभारत*, १२.३३३.१४, **भारतं वर्षमासदत्**; *मार्कण्डेय पुराण*, **तस्मात् तु भारतं वर्ष** ५३.४१; *भविष्य पुराण*, ३.४.३.९, **सम्पन्नं भारतं वर्षं**; *नारदपञ्चरात्र*, **वर्षानां भारतं यथा**, १.६७; *नारदपञ्चरात्र*, १.२.२.२१, **पवित्रं भारतं वर्षं**; *ब्रह्मवैवर्त पुराण*, ४.२६.१५, **वर्षाणां भारतं यथा**; *शिशुपालवध*, १४.५, **भारतं वर्षम्**; *ब्रह्माण्ड पुराण*, १.१५,२१, **इदं हैमवतं वर्षं भारतं नाम**

विश्रुतम्; १.१६.२ **यदिदं भारतं वर्ष**, *भविष्य पुराण*, २.१.४.१०, **भारतं दक्षिणं वर्ष**; *भविष्य पुराण*, ३.१.५,२१, **भारतं वर्षमूह्यताम**; २.१.४.११, **भारतं दक्षिणं वष**; *पद्म पुराण*, ३.३.२५, **इदं तु भारतं वर्ष**; *पद्म पुराण*, ३.६,२ **यदिदं भारतं वर्ष**; **वर्ष भारतमुत्तमम्**; *पद्म पुराण*, ५.८१.५६, **तत्रापि भारतं वर्ष**; *वायु पुराण*, १.४५.६६, **यदिदं भारतं वर्ष**; *अहिर्बुध्न संहिता*, २६.४८, **तेनेदं भारतं वर्ष**; *ज्ञानपाद*, ६.४६, **भारतं वर्षमभ्येति**; ज्ञान *पाद* १०.१, **देशोऽयं भारतं वर्ष**; *अग्नि पुराण*, ३३८.२७, **देशेषु भारतं वर्ष**; *ब्रह्माण्ड पुराण*, १.१५.३१, **इदं हैमवतं वर्ष भारतं नाम विश्रुतम्**; *ब्रह्म पुराण*, ७०.२१, **जाम्बवे भारतं वर्ष**; *ब्रह्म पुराण* ८८.१८, **पृथिव्यां भारतं वर्ष**; *ब्रह्म पुराण*, १६.२, **वर्ष तद्भारतम**; *शिव पुराण*, ५.१८.१; *विष्णु पुराण*, २.३.१, **वर्ष तद् भारतं नाम**; *मत्स्य पुराण*, ११४.१, **यदिदं भारतं वर्ष**; *लिङ्ग पुराण*, १.४७.२४, **तस्मात्तु भारतं वर्ष**; *लिङ्ग पुराण* १.४६.७, **इदं हैमवतं वर्ष भारतं नाम**; *स्कन्द पुराण*, ४.२२.५२, **तत्रापि नववर्षाणि भारतं तत्र चोत्तमम्**; *स्कन्द पुराण*, ७.१३, **भारतं नाम यद् वर्ष**; *स्कन्द पुराण*, ७.१७२.२, **यस्येदं भारतं वर्ष**; *नारद पुराण*, १.५८.५५, **भारतं वर्षमासदत्**; *नारद पुराण*, १.३.७०, **ज्ञेयं भारतं वर्षमुत्तमम्**; *नारद पुराण*, २.५२.७, **पृथिव्यां भारतं वर्ष**; *वायु पुराण*, १.३३.६१, *वायु पुराण*, १. ३४.२८, **इदं हैमवतं वर्ष भारतं नाम; तैरिदं भारतं वर्ष**; *शिव पुराण*, ५.१८.१, **वक्ष्येऽहं भारतं वर्ष**; *देवीभागवत पुराण*, ८.५.१४, **हरिवर्ष किम्पुरुषं भारतं च**; *मार्कण्डेय पुराण*, ५७.५८, **एतत्तु भारतं वर्ष**; *मार्कण्डेय पुराण* ५७.५६, **तदेतद् भारतं वर्ष**; *ब्रह्माण्ड पुराण*, १.४.६२, **तस्मात्तु भारतं वर्ष**; *ब्रह्माण्ड पुराण*, १.१७.१, **यच्च किंपुरुषं वर्ष हरिवर्ष तथैव च। आचक्ष्व नो यथातत्त्वं कीर्त्तितं भारतं त्वया ॥**; *ब्रह्मवैवर्त पुराण*, ३.३.१०; ४.७३.७५, **वर्षाणां भारतं तथा।**

देश एवं खण्ड – *स्कन्द पुराण*, १.३७.४, **भारतं खण्डं शुश्रूषेय**; *स्कन्द पुराण*, ७.१३.१२, **संप्राप्य भारतं खण्डं**; *नारद पुराण*, १.४८.५, **भारतं खण्डमुच्यते**; *देवीभागवत पुराण*, ६.२६.६, **भारतं खण्डमुत्तमम्**; *गर्ग संहिता*, ७.२८.१४, **जित्वा तं भारतं खण्डं**; *गर्ग संहिता*; ७.४८.४४, **खण्डं भारतं गन्तुमुद्यतः**; *गर्ग संहिता* ७.४८.४५, **आययौ भारतं खण्डं**)।

अन्यान्य स्थानों पर केवल भारत – *वराह पुराण*, ८५, **इदानीं भारतं नवभेदं**; *भागवत पुराण*, १.१६.१२, **भारतं चोत्तरान् कुरून्**; *ब्रह्मवैवर्त पुराण*, २.७.२, **भारती भारतं गत्वा**; २.२४.३४; *ब्रह्मवैवर्त्त पुराण*, **कर्मणा भारतं पुण्यं**; *ब्रह्मवैवर्त्त पुराण*, २.२६.३०, **भारतं पुनरायान्ति**; *ब्रह्मवैवर्त्त पुराण*, २.२७.६१, **भारतं पुनरागत्य**; *ब्रह्मवैवर्त्त पुराण*, ४.५२.४०, **त्रैलोक्ये भारतं धन्यं**; *ब्रह्मवैवर्त्त पुराण*, ४.१००.२३, **तीर्थानि भारतं** *ब्रह्मवैवर्त्त पुराण*, ४.१०६.२४; **सुपुण्यं भारतं यतः**, *देवीभागवत पुराण*, ६.२६.२८, **भारतं पुनरायान्ति**; *देवीभागवत पुराण*, ६.३०.८७, **भारतं पुनरागत्य**; *तन्त्रालोक*, ८.७८, **भारतं नवसाहस्रं**; *वैखानस गृह्यसूत्र*, १, **भारतं श्रेष्ठं जम्बूद्वीपे**; *विष्णु पुराण*, **भारतं श्रेष्ठं जम्बूद्वीपे** के रूप में सम्बोधित किया गया।

प्राकृतिक भरण-पोषण एवं तद् हेतु प्राप्त *'अग्नि'* की संज्ञा भरत हुई जिससे राजा भी सम्बोधित हुआ और उसके द्वारा पालित क्षेत्र भारत कहा गया। सम्पूर्ण पृथ्वी का यह कौन-सा भाग था इसका विस्तृत विवरण प्राचीन ग्रन्थों में प्राप्त है। भारत की प्रकृति-जन्य परिभाषा *पुराण* एवं काव्य सम्मत *इतिहास* कहे जाने वाले ग्रन्थों में रोचक ढङ्ग से उपलब्ध है।

स्वायम्भुव मन्वन्तर में मनु-पुत्र प्रियव्रत ने पृथ्वी को सात द्वीपों (जम्बू, प्लक्ष, शाल्मलि, कुश, क्रौञ्च, शाक और पुष्कर) में विभाजित करके अपने पुत्रों को सौंप दिया। अग्नीध्र नामक

बड़े पुत्र को जम्बूद्वीप प्रदान किया गया (**अग्नीध्राय पिता पूर्वं जम्बूद्वीपं ददौ द्विज।** *मार्कण्डेय पुराण*, ५३.३२)। अग्नीध्र के नौ पुत्रों (*मार्कण्डेय पुराण*, ५३.३२) में जम्बूद्वीप का विभाजन नौ भागों में हुआ जिन्हें उनके नामों (नाभि, किम्पुरुष, हरि, इलावर्त, रम्य, हिरण्य, कुरु, भद्राश्व और केतुमाल) से अभिहित किया गया और उन नामों के साथ क्षेत्र सूचक 'वर्ष' शब्द जोड़ा गया।

स्वायम्भुव मन्वन्तर के विवरण में प्राप्त वर्णन के अनुसार नौ पुत्रों के नाम पर भू-क्षेत्रों का नामकरण 'वर्ष' के रूप में किया गया–

ज्येष्ठो नाभिरिति ख्यातस्तस्य किम्पुरुषोनुजऽनुजः।

(*मार्कण्डेय पुराण*, ५३.३३)

नवमः केतुमालश्च तन्नाम्ना वर्ष संस्थितिः ॥

(*मार्कण्डेय पुराण*, ५३.३५)

श्लोक ३५ एवं ४० में प्रयुक्त शब्द '**हिमाह्व**' अर्थात् 'हिम नाम वाले दक्षिण के क्षेत्र' का नाम 'हिम' (*मार्कण्डेय पुराण*, ५३.३५, ४० **हिमाह्वयम्**) था। यहाँ यह ध्यान देने की बात है कि नौ पुत्रों में जम्बूखण्ड के विभाजन के समय क्षेत्रों का नाम पुत्रों के नाम पर रखा गया (**तन्नाम्ना वर्ष संस्थितिः**।। ५३.३५)। इस कथन से यह स्पष्ट है कि नाभि को जो भू-क्षेत्र प्राप्त हुआ उसका नाम '**नाभिवर्ष**' रखा गया होगा। इस **नाभिवर्ष** में '**हिम**' की विशेषता के कारण उस वर्ष को **हिमाह्व** अर्थात् 'हिम नाम वाला' वर्ष कहा जाने लगा इस प्रकार '**नाभिवर्ष**' का नाम '**हिमवर्ष**' के रूप में बदल गया।

जम्बूद्वीप के नौ वर्षों में से हिम नाम वाले वर्ष को छोड़ कर (**वर्जयित्वा हिमाह्वयम्**, *मार्कण्डेय पुराण*, श्लोक ३५) अन्य आठ वर्षों में स्वाभाविकतया सिद्धि थी और बिना प्रयत्न किये ही सब जीव सुखी रहते, उन्हें न विपत्ति न वृद्धावस्था और न ही मृत्यु का

भय था साथ ही वहाँ धर्म, अधर्म तथा उत्तम, मध्यम और अधम और न चारों युग और न ऋतुएँ थीं (वही, श्लोक ३५-३७)।

स्वायम्भुव मनु के समय की समुद्र से घिरी सारी पृथ्वी आकरवती सप्तद्वीपा सपर्वता को त्रेता युग के आद्यकाल (अर्थात् आरम्भिक समय) का कहा गया है (**पूर्वमाद्ये त्रेतायुगे**, *मार्कण्डेय पुराण*, श्लोक ११)।

स्पष्ट ही 'हिमाह्व' अर्थात् 'हिम नाम वाला' वर्ष 'हिमवर्ष' के रूप में विख्यात हुआ (*मार्कण्डेय पुराण*, ५३.४०, *मत्स्य पुराण*, ११४.५, *वायु पुराण*, ४५.७६)।

भरत का भारत भू-खण्ड

अग्नीध्र के पुत्र नाभि और नाभि के ऋषभ हुए (**अग्नीध्रसूनोर्नाभेस्तु ऋषभोऽभूत् सुतो द्विज**। *मार्कण्डेय पुराण*, ५३.३२)।

ऋषभ के भरत आदि सौ पुत्र हुए (**ऋषभाद्भरतो जज्ञे वीरः पुत्रशताद्वरः**। *मार्कण्डेय पुराण*, ५३.३८) उन ऋषभ ने स्वयं तप करने जाने के पूर्व अपने सौ पुत्रों में से बड़े पुत्र भरत को 'हिमाह्व' के नाम से पुकारे जाने वाले दक्षिण के वर्ष को प्रदान किया—

हिमाह्वं दक्षिणं वर्षं भरताय पिता ददौ।

(*मार्कण्डेय पुराण*, ५३.४०)

हिमाद्रेर्दक्षिणं वर्षं भरताय न्यवेदयत् ॥

(*लिङ्ग पुराण*, ४७.२३)

हिमाह्वं दक्षिणं वर्षं भरताय न्यवेदयत् ॥

(*ब्रह्माण्ड पुराण*, १.१४.६१)

यहाँ यह समझने की बात है कि भरत को दिया गया भू-क्षेत्र अन्य आठ वर्षों के दक्षिण का क्षेत्र था 'हिमालय के दक्षिण का क्षेत्र नहीं' जैसा कि भ्रमवश सन्दर्भित पुराण के हिन्दी अनुवादकों ने किया है, द्रष्टव्य, *मार्कण्डेय पुराण* (भाषा टीका सहित), ५३.४० का अनुवाद—

'पिता ने भरत को हिमालय के दक्षिण का वर्ष दिया' पृ. २०६ एवं ज्ञानलोक, दारागंज, प्रयाग, १६४२ में प्रकाशित पं. भगवान दास अवस्थी का अनुवाद **'हिमालय पर्वत के दक्षिण का देश भारतवर्ष कहलाया'** पृ. १२८)। एफ. ई. पार्जिटर ने अपने अंग्रेजी अनुवाद (कलकत्ता, १६०४) में पृ. २७४ पर श्लोक के भावानुसार लिखा है–

His father gave Bharata the southern country named after the mountain Hima

हिम का सीधा तात्पर्य हिमालय से है अतः 'हिमालय और दक्षिण का सम्पूर्ण भाग, उपरि-उद्धृत श्लोक (५३.४०) में सन्दर्भित है।

हिमालय के लिए 'हिमाह्व' शब्द का प्रयोग संस्कृत कोशों में नहीं है (एफ. ई. पार्जिटर, पृ. २७४, पाद टिप्पणी)। इसी प्रकार हिमालय के लिए 'हिमवत्' एक स्थान पर *मार्कण्डेय पुराण* (श्लोक ५४. २६) में प्रयुक्त है तथा 'हिमवान्' शब्द का प्रयोग दो बार हुआ है (श्लोक ५४.६, २४)। 'हिमवान्' संस्कृत कोश परम्परा में प्राप्त है। *त्रिकाण्डशेष*, *जटाधर* और *हेमचन्द्रकोश* में हिमालय को लेते हुए कुल १२ पर्याय हैं – नगपति, मेनाधव, उमागुरु, हिमाद्रि, नगाधिप, उदगद्रि, अद्रिराट्, मेनकाप्राणेश, हिमवान्, हिमप्रस्थ और भवानीगुरु (*शब्दकल्पद्रुम*, भाग ५, पृ. ५३६)। संस्कृत कोशों की परम्परा में मोनिअर मोनिअर विलियम्स ने 'हिमाल' शब्द का प्रयोग उल्लिखित किया है और परवर्ती साहित्य में 'हिमाचल' व 'हिमाचलेन्द्र' भी प्रयुक्त है (*संस्कृत-इंग्लिश डिक्शनरी, ऑक्सफोर्ड*, १८६६, पृ. १२६६)। इन पर्यायों में मेरी दृष्टि में कोई ऐसी सूचना संकेतित नहीं होती है जो इतिहास की दृष्टि से महत्वपूर्ण हों।

ऐतिहासिक दृष्टि से हिमालय का वर्तमान नेपाली नाम 'सागरमाथा' अधिक महत्त्वपूर्ण लगता है जो समुद्र में से ऊपर निकल कर स्थित होने की उस स्थिति का बोध कराता है जो भू-वैज्ञानिकों की मान्यता है।

संस्कृत साहित्य के ऐतिहासिक क्रम में 'हिमालय' शब्द का प्रसिद्ध प्रयोग कालिदास के *कुमारसम्भव* महाकाव्य के प्रथम सर्ग के प्रथम श्लोक में प्राप्त होता है–

अस्त्युत्तरस्यां दिशि देवतात्मा हिमालयो नाम नगाधिराजः।
पूर्वापरौ तोयनिधी वगाह्य स्थितः पृथिव्या इव मानदण्डः॥

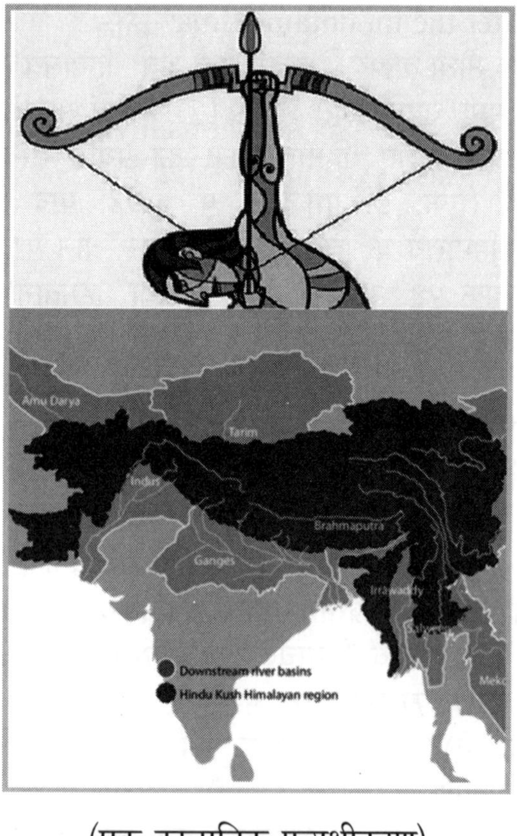

(एक काल्पनिक प्रत्यक्षीकरण)

'पृथिवी का मानदण्ड' अर्थात् पृथिवी पर एक दिशा से दूसरी दिशा तक फैला हुआ। पौराणिक विवरण (*मार्कण्डेय पुराण*,

५७.५६) में हिमवान् (हिमालय) को पूर्व-पश्चिम व दक्षिण के समुद्रों के साथ कार्मुक की तरह कहा गया है– **हिमवानुत्तरेणास्य कार्मुकस्य यथा गुणः**। इसी परम्परा में *तन्त्रालोक* में भी भारत को 'चापवत्' कहा गया है (*अष्टमाह्निक*, ७८, **मेरोर्हिमवान्यस्य दक्षिणे। भारतं नवसाहस्रं चापवत्कर्मभोगभूः ॥**)।

'उत्तर में धनुष की प्रत्यञ्चा की तरह हिमवत शृंखला फैली है' ऐसा भौगोलिक विवरण सामान्यतया भूगोल-वैज्ञानिक अपनी पुस्तकों में देते हैं।

इस सन्दर्भ में Basab Mukhopadhyay, Director of Geological Survey of India उल्लेख्य हैं–

Himalayas have an E–W bow-like shape with trend reversal and higher elevations at the terminal ends: **Nanga-Parbat** in the **west** (western syntaxis) and **Namcha Barwa** in the **east** (eastern syntaxis)-(fig-1-7) (Mukhopadhyay, 2011).

यह फैलाव १०,००० योजन का उल्लिखित है। इस प्रकार हिगवर्ष की तीन सीमाएँ निश्चित होती हैं, उत्तर में पूरा हिमालय और इस पर्वत के पूर्वी तथा पश्चिमी छोर के नीचे समुद्र तक की भूमि।

मार्कण्डेय पुराण के श्लोक ५७.५ में भारतवर्ष शब्द प्रयोग में आया है (**भारतस्यास्य वर्षस्य**)। *विष्णु पुराण, ब्रह्म पुराण* और *वायु पुराण* समुद्र के उत्तर एवं हिमालय के दक्षिण भारत भूमि का विस्तार बताते हैं–

उत्तरं यत्समुद्रस्य हिमाद्रेश्चैव दक्षिणम्।
वर्षं तद्भारतं नाम भारती यत्र सन्ततिः ॥

(*विष्णु पुराण*, २.३.१; *ब्रह्मपुराण*; १९.१)

उत्तरं यत्समुद्रस्य हिमवद्दक्षिणं च यत्।
वर्षं यद्भारतं नाम यत्रेयं भारती प्रजा ॥

(*वायु पुराण*, ४५.७६)

एतद्धैमवतं वर्षं भारती यत्र सन्ततिः

(*ब्रह्मपुराण*, ७५.३०)

आदाक्षिणात्यादम्भोधेराशैलाच्च हिमालयात्।

(*ज्ञानपाद*, १०.१)

महाभारत में (*भीष्मपर्व*, ६.५) 'भारतवर्ष' का बहुश्रुत प्रयोग उल्लेख्य है–

अत्र ते कीर्तायिष्यामि वर्षं भारत भारतम्।
प्रियमिन्द्रस्य देवस्य मनोर्वैवस्वतस्य च ॥

एवं **'हिमवतो दक्षिणे भारतं वर्षं'** (*भीष्मपर्व*, ६.७)।

पुरातात्त्विक प्रमाणों में मौर्य वंश के सम्राट् अशोक के चार अभिलेखों में **जम्बूद्वीप** का उल्लेख हुआ है (बैराट अभिलेख पंक्ति, ब्रह्मगिरि अभिलेख पंक्ति ३, रूपनाथ अभिलेख पंक्ति २ एवं सहसराम अभिलेख पंक्ति २, द्रष्टव्य, *अशोक के अभिलेख*, राजबली पाण्डेय, वाराणसी, वि.सं. २०२२, क्रमशः पृ ११४, ११६, १११-११२) किन्तु **'भारतवर्ष'** का एकमात्र पुरातत्त्वीय सन्दर्भ ओडिशा के हाथीगुम्फा नामक गुहा में प्राप्त महाराज खारवेल के सुप्रसिद्ध प्राकृत-भाषा में लिखे ब्राह्मी लिपि के अभिलेख (पंक्ति १०, *एपिग्राफिआ इण्डिका*, भाग २०, पृ. ७६) में प्राप्त होता है–

[नगरिया कलिंग] राजनिवासं महाविजय पासादं कारयति अठतिसाय सतसहसेहि। दसमे च वसे दण्ड-सन्धी-साम [मयो] भरधवस-पठानं मही जयनं...कारापयति। [1]

(संस्कृत रूपान्तर)

दशमे च वर्षे दण्ड-सन्धि-साम [मयः खारवेलः] भारतवर्ष-प्रस्थानं... कारयति (अकारयत)।

वर्त्तमान में स्वतन्त्रता प्राप्ति के उपरान्त हमारे देश का नाम 'भारत' रखे जाने में इसी अभिलेख का आधार आचार्य नरेन्द्र देव जी के सुझाव से गृहीत हुआ।

आचार्य नरेन्द्र देव

पूर्व कुलपति, काशी हिन्दू विश्वविद्यालय

दक्षिण में केवल समुद्र कहने के स्थान पर कुमारी अन्तरीप का उल्लेख *वायु पुराण, मत्स्य पुराण, शिव पुराण* तथा *पैठीनस* में प्राप्त होता है–

आयतो ह्याकुमारिक्यादागङ्गा प्रभावाच्च वै।

(*वायु पुराण,* ४५.८१)

आयतस्तु कुमारीतो गङ्गायाः प्रवहावधिः।

(*मत्स्य पुराण,* ११४.१०)

वक्ष्येऽहं भारतं वर्षं हिमाद्रेश्चैव दक्षिणे ॥ उत्तरे तु समुद्रस्य...

(*शिव पुराण,* ५.१८.१)

आ हिमवत आ कुमार्या भारतवर्षम्।

(*पैठीनस,* वासुदेव शरण अग्रवाल द्वारा सन्दर्भित)

सञ्जान अभिलेख (*एपिग्राफिआ इण्डिका,* डी. आर. भण्डारकर, भाग १८, १९२५-१९२६, पृ. २३५-२५७ पंक्ति ६, श्लोक ८) में राष्ट्रकूट वंशी प्रसिद्ध शासक अमोघवर्ष प्रथम ने हिमालय से दक्षिण समुद्र के श्रीराम द्वारा निर्मित सेतु के स्थान तक विस्तृत भूखण्ड का सन्दर्भ दिया है–

हिमाचलादास्थित सेतुसीमतः

कालिदास के **'आसमुद्रक्षितीशानाम्'** (*रघुवंश,* १.५) में भी हिमालय से कन्याकुमारी के क्षेत्र की ही झलक मिलाती है। इसी प्रकार *मेघदूत* में दक्षिण में रामगिरि से उत्तर में हिमालय की अलकापुरी सन्दर्भित है (श्लोक १.१ तथा २.५९ **रामगिर्याश्रमेषु अद्रि** के रूप में उल्लिखित एवं श्लोक १.७, **गन्तव्याते वसतिरलका**...तथा श्लोक २.५९ **अलकायां**)

भागवत पुराण में बलरामजी की तीर्थ यात्रा नैमिषारण्य से सेतुबन्ध तक वर्णित है **ततश्च भारतं वर्ष परीत्यसमाहितः** १०.७८.४० **सामुद्रं सेतुमगमन्य हापातकनाशनम्** १०.७६.१५

भारत का पूर्व से पश्चिम का विस्तार *मनुस्मृति* देती है 'भारतवर्ष' के स्थान पर 'आर्यावर्त' कहते हुए–

आ समुद्रात्तु वै पूर्वादासमुद्रात्तु पाश्चिमात्।
तयोरेवान्तरं गिर्योर्यावर्त विदुर्बुधाः ॥

मनुस्मृति, २.२२

इन सन्दर्भों में जहाँ दक्षिण में कन्याकुमारी स्पष्टतः कही गयी वहीं उत्तर में गङ्गा नदी के उद्गम स्थान को सीमा माना गया जिसे काव्यमीमांसाकार राजशेखर (*काव्यमीमांसा,* अध्याय १७) ने 'बिन्दुसर' नाम दिया है–

कुमारीपुरात्प्रभृति बिन्दुसरोऽवधि योजनानां दशशती चक्रवर्त्तिक्षेत्रम्।

किन्तु *अपराजितपृच्छा* (३.७.७) में कन्याकुमारी के स्थान पर लंङ्का के त्रिकूट को दक्षिण की सीमा कहा गया है–

त्रिकूट हिमवदन्तर्वर्षो भारत उच्च्यते।

भारतवर्ष का दक्षिण समुद्र से उत्तर हिमालय पर्यन्त का विस्तार ६,००० योजन कहा गया है (*तन्त्रालोक,* ८.७८, **भारतं नवसाहस्रं चापवत्कर्मभोगभूः; नवयोजनसाहस्रो विस्तारोऽस्य महामुने,** *विष्णु पुराण,* २.३.१ किन्तु २.३.८ में **योजनानां सहस्रन्तु...दक्षिणोत्तरात्** कहा है)। *काव्यमीमांसा* में भी १,००० योजन कहा है (**योजनानां दशशती**) और *ज्ञानपाद* में (**योजनानि सहस्राणि ...विस्तारश्चैव** १०.१-२) किन्तु *अपराजितपृच्छा* (३८.१६) में भुवनदेव त्रिकूट से हिमालय तक का प्रसार **'योजनैः शतपञ्चभिः'** कहते हैं।

इस भारत भू-खण्ड की सीमाओं का एक सुन्दर सन्दर्भ महर्षि वाल्मीकि ने *रामायण* में सुग्रीव के माध्यम से उस समय निर्देशित किया है जब सीता की खोज के लिए कपि समुदाय विभिन्न क्षेत्रों में भेजा जा रहा था। *रामायण* में प्राप्त इस विवरण का भौगोलिक अध्ययन की दृष्टि से समुचित उपयोग अब तक नहीं किया जा सका है।

वाल्मीकीय रामायण (किष्किन्धाकाण्ड, अध्याय ४०) में महर्षि वाल्मीकि पूर्व की दिशा में सुग्रीव द्वारा वानरों को सीता की खोज में भेजे जाने (**अधिगच्छ दिशं पूर्वां**, ४०.१८) के समय पौराणिक विवरणों (*विष्णु पुराण*, २.३.८ एवं *मार्कण्डेय पुराण*, ५७.८ **पूर्वे किराता यस्यान्ते**) की भाँति ही किरातों का उल्लेख करते हैं (४०.२७)–

किराताः कर्णचूडश्च हेमाङ्गाः प्रियदर्शनाः।
आममीनाशनास्त्र किराता द्वीप वासिनः॥

रघुकुल की गाथा का गान करते हुए कालिदास ने अपने रघुवंश (४.७६) में किरातों का उल्लेख किया है– (**गजवर्ष्म किरातेभ्यः शशंसुर्देवदारवः**) और इन्हीं किरातों को *कुमारसम्भव* (१.१५) में उनको मयूरपिच्छ से सुशोभित कटि के सन्दर्भ से वर्णित किया है– **यद्वायुरंविष्टमृगैः किरातैरासेव्यते भिन्नशिखण्डिबर्हः**।

पूर्व दिशा का अन्तिम छोर वाल्मीकि ने (४०.५३-५४) देव-निर्मित चिह्न के रूप में ताल-वृक्ष का उल्लेख किया है (**त्रिशिराः कश्चनः केतुमालस्य ... स्थापितः पर्वतस्याग्रे ... पूर्वस्यां दिशी निर्माणं तर्त्निदशेश्वरैः**) जिसके आगे का क्षेत्र अगम्य और तिमिरावृत (४०.६६) कहा गया है।

पूर्व की भाँति ही पश्चिम दिशा का भी अन्तिम छोर मेरु और अस्ताचल के बीच निर्मित विचित्र वेदिका से युक्त दश-शिर ताल-वृक्ष (४२.४६) के उल्लेख के साथ बताया गया है–

अन्तरा मेरुमस्तं च तालो दशशिरा महान्।
जातरूपमयः श्रीमान्भ्राजते चित्रवेदिकः॥

किन्तु पौराणिक परम्परा में भारत के पश्चिम भाग में यवन (*विष्णु पुराण*, २.३.८, **पश्चिमे यवनाः स्थिताः**; *मार्कण्डेय पुराण*, ५७.८ **पश्चिमे यवनास्तथा**) और पारसीक (*विष्णु पुराण*, २.३.१६,१८ **तथापरान्ताताः... पारसीकादयास्तथा**) उल्लिखित हैं जिनके बाद भारत का भू-खण्ड नहीं है।

इसी के आलोक में गुप्त-वंश के सुप्रसिद्ध शासक चन्द्रगुप्त द्वितीय विक्रमादित्य के द्वारा दिल्ली में मेहरौली के लौह-स्तम्भ पर अङ्कित कराये गये अभिलेख में भारत के पूर्व से पश्चिम तक के भू-भाग तथा नदियों के मुख अर्थात् हिमालय से दक्षिण जलनिधि तक का उल्लेख उद्धृत करना समीचीन है जिसमें अखण्ड भारत की परिव्याप्ति है–

यस्योद्वर्तयतः प्रतीपमुरसा शत्रून्समेत्यागतान्
वङ्गेष्वा हववर्त्तिनोभिलिखिता खड्गेन कीर्त्तिर्भुजे।

तीर्त्वा सप्त मुखानि येन समरे सिन्धोर्जिता वाल्हिका
यस्याद्याप्यधिवास्यते जलनिधिर्वीर्य्यानिलैर्दक्षिणः॥

वर्तमान में हिमालय की कुल लम्बाई २४,४१४ किलोमीटर है और कन्याकुमारी से गोमुख ३२७१ किलोमीटर एवं कन्याकुमारी से लद्दाख का उत्तरी किनारा ३८४० किलोमीटर है। पश्चिम में फारस से पूर्व में अरुणाञ्चल के दिबांग तक एवं हिमालय से कन्याकुमारी तक का क्षेत्र प्राचीन अखण्ड-भारत के स्वरूप का प्रतिनिधित्व करता है।

ब्रह्मवैवर्त्त पुराण (श्रीकृष्णजन्मखण्ड, १.५६) में इसे ही पुण्यक्षेत्र की संज्ञा दी गयी है–

हिमालयादासमुद्रं पुण्यक्षेत्रञ्च भारतम् ॥

अखण्ड भारत

'भरत' ने अपने देश को सम्पन्न और सुसंस्कृत किया। जम्बूद्वीप के अन्य सात वर्षों (किम्पुरुष, हरि, इलावर्त, रम्य, हिरण्य, कुरु और भद्राश्व) की तुलना में नाभि को प्राप्त भू-भाग अत्यन्त हीन-दशा में था जिसका विवरण पुराण ग्रन्थ करते हैं– 'हिमवर्ष को छोड़ कर सब वर्षों में स्वाभाविकतया सिद्धि रहती है और सब जीव सुखी रहते हैं' (*मार्कण्डेय पुराण*, ५३.३५-३६)। भारतवर्ष में कर्म की प्रधानता और उसी में सब कुछ निहित का उपदेश है–

भारतं नाम यद्वर्ष दक्षिणेन मयोदितम्।
तत्कर्म्मभूमिः ... एतत् प्रधानं विज्ञेयं यत्र सर्व प्रतिष्ठितम् ॥

मार्कण्डेय पुराण, ५५.२१-२२

एक विवरण के अनुसार स्वायम्भुव-मनु के छठे पीढ़ी (*मार्कण्डेय पुराण*, ५३.१०,१४, १६, ३३, ३८; *भागवत पुराण*, ११.२१५-१७) एवं दूसरे विवरण (*मार्कण्डेय पुराण*, १००.३२) के अनुसार भौत्य-मनु के पुत्र के वंशज भरत के लिए था। भरत ने इसे ही मनोयोगपूर्वक सिद्ध किया–

भरतो नाम पार्थिवः
भरत्येष प्रजाः सर्वास्ततो भरत उच्च्यते ॥

महाभारत (बम्बई संस्करण १९०८), वन पर्व, २२३.१

समस्त प्रजा का भरण पोषण करते हैं, इसलिए उन्हें भरत कहते हैं। ऐतिहासिक परिप्रेक्ष्य में बड़ा ही स्पष्ट है कि अग्नि के लिए प्रयुक्त नाम भरत ही जब मानवीकृत (personify) किया गया तो भरत अग्नि ही राजा भरत हो गया। क्योंकि, उपरिसन्दर्भित श्लोक अन्य पाठ में '**भरतो नाम पार्थिवः**' के स्थान पर '**भरतो नाम पावकः**' पाठ देते हैं (महाभारत, वन पर्व, २२१.१ गीताप्रेस संस्करण)।

भरत के इसी गुण का बखान भारतीय साहित्य में यत्र तत्र सर्वत्र कहा गया है और उनके नाम पर ही भू-खण्ड का नाम 'भारत' पड़ा—

तस्मात्तु भारतं वर्षं तस्य नाम्ना महात्मनः।।

(मार्कण्डेय पुराण, ५३.४०)

निरुक्तवचनेश्चैव वर्षं तद् भारतं स्मृतम्।।

(मत्स्य पुराण, ११४.५)

निरुक्तवचनाच्चैव वर्षं तद् भारतं स्मृतम्।।

(वायु पुराण, ४५.७६)

***

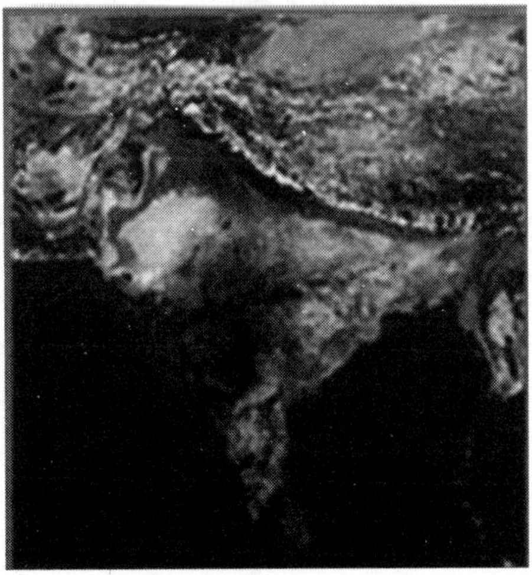

'माता भूमिः पुत्रोऽहं पृथिव्याः'

अथर्ववेद, १२.१. १२

(भूमि माता है, मैं पृथ्वी का पुत्र हूँ।)

भारत के एक चित्र-स्वरूप को पूर्व में जिस प्रकार 'चापवत' (*तन्त्रालोक, ८.७८*) कहा गया है।

सन् १८७०-८० के दशक में ब्रिटिश शासकों ने सरकारी समारोहों में 'गॉड सेव दि क्वीन' गीत गाया जाना अनिवार्य कर दिया था जिसकी प्रतिक्रिया में बंकिमचन्द्र चट्टोपाध्याय ने अंग्रेजों की डिप्टी-कलेक्ट्री का त्याग करते हुए विकल्प के रूप में सन् १८७६ में भारत-भूमि की स्तुति में संस्कृत एवं बंगला मिश्रित भाषा में एक नये गीत **'वन्दे मातरम्'** की रचना रविवार, कार्तिक सुदी

नवमी, शाके १७६७ (७ नवम्बर १८७५) को की जो सन् १८८२ में उनके उपन्यास '*आनन्द मठ*' में प्रकाशित हुई जिसके तीसरे छन्द में भारतमाता की 'प्रतिमा' का सन्दर्भ आया है–

तोमारई प्रतिमा गढ़ि मन्दिरे मन्दिरे मातरम्।
वन्दे मातरम् ॥

बंकिमचन्द्र चट्टोपाध्याय

भारतमाता के अखण्ड रूप की मानचित्र पर मानवीय कल्पना सन् १९०६ में अहमदाबाद के एक शिक्षक मगन लाल शर्मा ने 'हिन्द देवी' का चित्र बना कर प्रस्तुत किया इसी चित्र ने अखण्ड भारत की कल्पना को साकार रूप दिया था।

हिन्द देवी

आजादी की लड़ाई के दौरान राजा रवि वर्मा की प्रेस ने तस्वीर की हजारों प्रतियाँ छापी थीं, इसी तस्वीर से प्रभावित होकर रवीन्द्रनाथ टैगोर ने **'अयि भुवन मनो मोहिनी'** कविता की रचना थी (सन्दर्भ, अमर उजाला, नई दिल्ली Updated Thu, 15 Aug 2019 05:20 AM IST)।

रवीन्द्रनाथ टैगोर ने राष्ट्रगान लिखा जिसमें भारतमाता के भू-खण्ड के क्षेत्रों तथा प्राकृतिक भौगोलिक उल्लेख किये–

पंजाब सिन्धु गुजरात मराठा
द्राविड़ उत्कल बङ्ग।
विन्ध्य हिमाचल यमुना गङ्गा
उच्छल जलधि तरङ्ग ॥

रवीन्द्रनाथ टैगोर

सन्दर्भित कविता को सर्वप्रथम २७ दिसम्बर १९११ को कांग्रेस के कलकत्ता अधिवेशन में गया गाया था।

'भारत भू-खण्ड अखण्ड' की संकल्पना काशी के लोगों में श्री शिवप्रसाद गुप्त के मन में उठी और उन्होंने उसे साकार कर 'भारत माता मन्दिर' के रूप में बनारस शहर के सिगरा क्षेत्र (वर्त्तमान महात्मा गाँधी काशी विद्यापीठ का प्राङ्गण) में स्थापित किया जिसमें संगमरमर पर उकेरित अखण्ड-भारत का लम्बाई-चौड़ाई-गहराई-ऊँचाई दिखाते हुए त्रि-आयामी भूचित्र रूपित किया गया।

भारत माता मन्दिर, वाराणसी

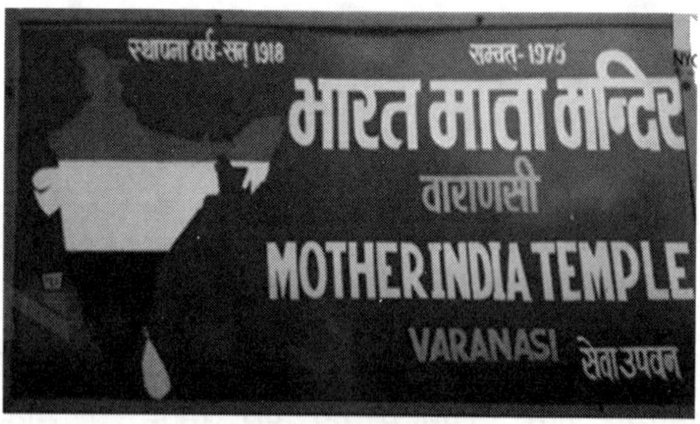

भारत माता मन्दिर का साइन बोर्ड

भारत माता मन्दिर के प्रवेश-द्वार का अलङ्कृत ऊपरी भाग

भारत माता मन्दिर का प्रवेश-द्वार

भारत माता मन्दिर के रूपित त्रिआयामी अखण्ड भारत के मानचित्र के विभिन्न कोनों से लिए गये चार छविचित्र

चित्र 1

चित्र 2

चित्र 3

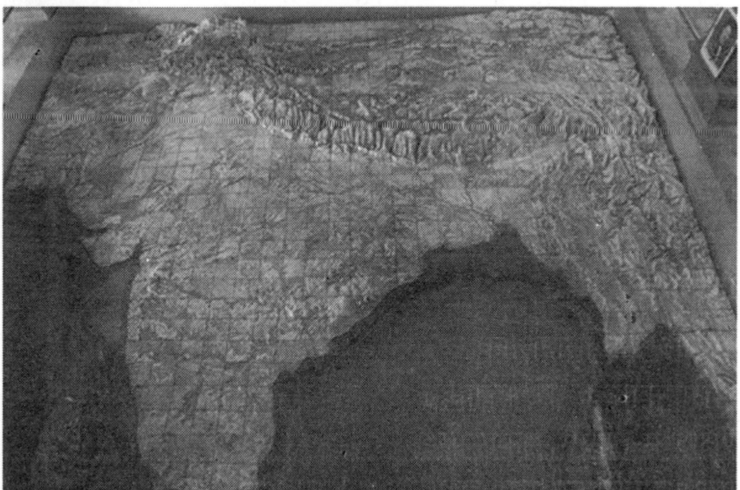

चित्र 4

भारत मानचित्र का संक्षिप्त विवरण

'भारत माता मन्दिर' का कार्यारम्भ सन् १९१८ में हुआ जो ५-६ वर्षों में पूरा हुआ था। शिलान्यास वासन्तिक नवरात्र के प्रथम दिन २ अप्रैल १९२६ को काशी के प्रसिद्ध विचारक भगवान दास ने किया और इसके निर्माण की पूर्णता के कुछ समयोपरान्त 'मातृमूर्ति' का उद्घाटन २४ अक्टूबर १९३५ (आश्विन शुक्ल नवमी १९९३ विक्रमी संवत्) को महात्मा गाँधी ने किया और २५ अक्टूबर १९३५ की विजयादशमी को कवि मैथिलीशरण गुप्त द्वारा स्वरचित 'मातृ-मन्दिर' कविता (भारत माता का यह मन्दिर, समता का संवाद यहाँ...) के पाठ के साथ महात्मा गाँधी द्वारा इस अनूठे मन्दिर का सर्वसाधारण के लिए उद्घाटन (आश्विन शुक्ल दशमी १९९३ विक्रमी संवत्) को सम्पन्न हुआ। अखण्ड-भारत का यह एकमात्र स्मारक हमारी राष्ट्रीय निधि है। भू-मानचित्र की रचना ३२ फीट, २ इंच लम्बे एवं ३० फीट, २ इंच चौड़े आयत में की गयी है। भारत भू-खण्ड अखण्ड का पूर्व से पश्चिम २३९३.५ मील एवं उत्तर से दक्षिण तक २३१६ मील का क्षेत्र 'मातृमूर्ति' के रूप में अङ्कित है जो १९१७ के नक्शे का ५ गुना रूप है। भू-मानचित्र के लिए माप धरातल हेतु १ इंच बराबर ६.४ मील तथा ऊँचाई-गहराई के लिए १ इंच बराबर २००० फीट रखी गयी है। संगमरमर के ११ इंच वर्गीय मकराना के श्वेत ७६२ चौकोर पत्थर लगाये गये हैं।

काशी के ही शिल्पी दुर्गाप्रसाद ने अपने २० सहयोगी शिल्पियों के साथ भू-मानचित्र की रूपरचना निष्पन्न की थी।

मातृभूमि भारत की जय हो।

माता भूमिः पुत्रोऽहं पृथिव्याः।।
सा नो भूमिर्वर्धयद् वर्धमाना।।

(अथर्ववेद, १२.१.१२-१३)

(यह भूमि हमारी माता है
और
हम सब पृथिवी के पुत्र हैं...
वह वर्धमान भूमि
हम सबका विकास करे)

ग्रन्थानुक्रमणिका

मूल संस्कृत ग्रन्थ

अपराजितपृच्छा, भुवनदेव, सम्पादक पोपटभाई अम्बाशंकर मनकड, ओरियंटल इंस्टिट्यूट, बड़ोदा, १९५०

अमरकोष, हरगोविन्द शास्त्री सम्पादित, चौखम्बा संस्कृत सीरीज ऑफिस, वाराणसी, १९६८

अहिर्बुध्न संहिता, https://sa.wikisource.org/s/1tku

[अहिर्बुध्न संहिता का प्रकाशन १९१६ ई. में तीन खण्डों में हुआ था]

ऋग्वेद-संहिता, दामोदर सातवलेकर सम्पादित, स्वाध्याय मण्डल, पारडी, सूरत, १९५७

कादम्बरी (पूर्वार्द्ध), मोहनदेव पन्त सम्पादित, मोतीलाल बनारसीदास, वाराणसी, १९७१

कादम्बरी, बाणभट्ट, काशीनाथ पाण्डुरङ्ग परब सम्पादित, निर्णय सागर प्रेस, बॉम्बे, १९४८

काव्यमीमांसा, राजशेखर, गायकवाड़ ओरिएण्टल सीरीज नं. १, सम्पादक सी. डी. दयाल एवं आर. ए. शास्त्री, बड़ोदा, १९२४

कुमारसम्भव, कालिदास, सम्पादक ब्रह्मानन्द त्रिपाठी, *कालिदास ग्रन्थावली*, चौखम्बा सुरभारती प्रकाशन, वाराणसी, २००५,

गोभिलपुत्रकृतसङ्ग्रह, *शब्दकल्पद्रुम*, भाग ३, पृ. ८ पर उल्लिखित

तन्त्रालोक, अभिनवगुप्त, सम्पादक परमहंस मिश्र, वाराणसेय संस्कृत विश्वविद्यालय, वाराणसी,२०००ई. (वि.सं. २०५६)

नारदपञ्चरात्र, सम्पादक सरयूप्रसाद मिश्र, खेमराज श्रीकृष्णदास, वेंकटेश्वर प्रेस, बम्बई, संवत् १९६२

मेघदूत, कालिदास, सम्पादक ब्रह्मानन्द त्रिपाठी, *कालिदास ग्रन्थावली* चौखम्बा सुरभारती प्रकाशन, वाराणसी, २००५

मनुस्मृति, सम्पादक दर्शनानन्द सरस्वती, पुस्तक मन्दिर, मथुरा, संवत् २०१९

महाभारत, गीता प्रेस संस्करण, गोरखपुर

महाभारत, टी. आर. कृष्णाचार्य एवं टी. आर. व्यासाचार्य सम्पादित, बम्बई संस्करण, १९०८

महाभारत, विकीस्रोत

मृगेन्द्र तन्त्र, नारायणकण्ठ, सम्पादित, कश्मीर सीरीज टेक्स्ट्स एण्ड स्टडीज, श्रीनगर, १९३०

रघुवंश, कालिदास, सम्पादक ब्रह्मानन्द त्रिपाठी, *कालिदास ग्रन्थावली*, चौखम्बा सुरभारती प्रकाशन, २००५

वाल्मीकीय रामायण, गीता प्रेस संस्करण, गोरखपुर

शतपथ ब्राह्मण, विद्याधर शर्मा गौड़ सम्पादित, अच्युत ग्रन्थमाला कार्यालय, काशी, १९९४

शतपथ ब्राह्मण, नाग प्रकाशन, दिल्ली, १९९० ई.

शिशुपालवध, माघ, सम्पादक गजानन शास्त्री मुसलगाँवकर, चौखम्भा संस्कृत भवन, वाराणसी, वि.सं. २०५५ (१९८० ई.)

स्वच्छन्द तन्त्र, परमहंस मिश्र सम्पादित-अनुवादित, सम्पूर्णानन्द संस्कृत विश्वविद्यालय, वाराणसी, भाग-१, २००२; भाग-२, २००४; भाग-३, २००४; भाग-४, २००५; भाग-५, २००५

हर्षचरित, बाणभट्ट, पी. वी. काणे सम्पादित, बॉम्बे, १९१८

पुराण ग्रन्थ

देवीभागवत पुराण, गीता प्रेस संस्करण, गोरखपुर

नरसिंह पुराण, गीता प्रेस संस्करण, गोरखपुर

नारदीय महापुराण, कॉस्मिक सॉफ्टवेयर एण्ड वेदिक इंजीनियरिंग, २००३

पद्म पुराण, गीता प्रेस संस्करण, गोरखपुर

ब्रह्म पुराण, गीता प्रेस संस्करण, गोरखपुर

ब्रह्मवैवर्त पुराण, सम्पादक तारणीश झा एवं बाबूराम उपाध्याय, हिन्दी साहित्य सम्मेलन, प्रयाग, २०१८

ब्रह्माण्ड पुराण, चमनलाल गौतम सम्पादित

भविष्य पुराण, बाबूराम उपाध्याय सम्पादित-अनुवादित, हिन्दी साहित्य सम्मलेन, प्रयाग, २०१२

भागवत पुराण, गीता प्रेस संस्करण, गोरखपुर

भागवत पुराण, कन्हैयालाल उपाध्याय सम्पादित-अनुवादित, भागवत प्रकाश कार्यालय, मुरादाबाद, १६०१

मत्स्य पुराण, मुंशी नवल किशोर, लखनऊ संस्करण, १८६२ ई.

मत्स्य पुराण, रामप्रताप शास्त्री सम्पादित, केवल हिन्दी, हिन्दी साहित्य सम्मेलन, प्रयाग, वि. सं. २००३

मार्कण्डेय पुराण (भाषा टीका सहित), ज्ञानलोक, दारागंज, प्रयाग, १६४२ में प्रकाशित पं. भगवान दास अवस्थी का अनुवाद

मार्कण्डेय पुराण, एफ. ई. पार्जिटर, अंग्रेजी अनुवाद, कलकत्ता, १६०४

लिङ्ग पुराण, गणेश नातू की शिव-तोषिणी टीका के साथ खेमराज श्रीकृष्णदास, वेंकटेश्वर प्रेस, बम्बई द्वारा प्रकाशित (हरि प्रसाद दास द्वारा pdf १२ जून २०१४ को net पर पोस्ट किया गया)

लिङ्ग पुराण, गीता प्रेस संस्करण

वराह पुराण, सम्पादक हृषीकेश शास्त्री, हरजीवनदास संस्कृत ग्रन्थमाला-८, चौखम्बा अमरभारती प्रकाशन, वाराणसी, १८६३, १९८२ ई.

वायु पुराण, रामप्रताप शास्त्री सम्पादित, हिन्दी साहित्य सम्मेलन, प्रयाग, २०१५

विष्णुधर्मोत्तर पुराण, सर्वोदय साहित्य मन्दिर, हैदराबाद, १९२९

विष्णु पुराण, गीता प्रेस संस्करण, गोरखपुर

शिव पुराण, गीता प्रेस संस्करण, गोरखपुर

स्कन्द पुराण, गीता प्रेस संस्करण, गोरखपुर

आधुनिक ग्रन्थ

आनन्द मठ

'वन्दे मतरम्' गीत का प्रकाशन सन् १८८२ में उनके उपन्यास *आनन्द मठ* में अन्तर्निहित गीत के रूप में हुआ था।

आनन्द मठ, बंकिमचन्द्र चट्टोपाध्याय [आरम्भ में बंगला भाषा की बंगदर्शन पत्रिका में सन् १८८०-१८८२ में क्रमशः प्रकाशित] पुस्तकाकार प्रकाशन सन् १८८२

हिन्दी अनुवाद, ईश्वरीप्रसाद शर्मा, सम्पादक छविनाथ पाण्डेय, हिन्दी पुस्तक एजेन्सी, हेरिसन रोड, कलकत्ता, सं.० १९७९ (१९२२ ई.); द्वितीयवार, सं. १९८२ (१९२५ ई.)

बंकिम समग्र, हिन्दी प्रचारक संस्थान, वाराणसी (पृ. ७४५) में संगृहीत

संविधान सभा में २४ जनवरी १९५० में 'वन्दे मातरम्' को राष्ट्रगीत के रूप में मान्य किया गया (भारतीय संविधान परिषद्, द्वादश खण्ड (२४१९५-१-??)

'वन्दे मातरम्' गीत को *आनन्द मठ* उपन्यास से अलग १८९६ ई. में भारतीय काँग्रेस के कलकत्ता में बेडन स्क्वायर में हुए राष्ट्रीय अधिवेशन में कवीन्द्र रवीन्द्रनाथ टैगोर द्वारा गाया गया।

पण्डित जगन्नाथप्रसाद जी चतुर्वेदी ने बंगला 'वन्दे मातरम्' गान का हिन्दी पद्यमय अनुवाद किया।

कोश ग्रन्थ

अभिधानचिन्तामणि (हेमचन्द्रकोष), हेमचन्द्राचार्य, देवचन्द्र लालभाई जैन पुस्तकोद्धार ग्रन्थांङ्क ९२, सूरत, वि. सं. २००२ (१९४६ ई.)

इण्डेक्स टू दि नेम्स इन दि महाभारत, एस. सोरसन, विलियम एण्ड नॉरगेट, लन्दन, १९०४, पुनर्प्रकाशन मोतीलाल बनारसी दास, नयी दिल्ली, १९६३

प्राचीन भारतीय चरित्र कोश, चित्राव, सिद्धेश्वर शास्त्री, चरित्र कोश मण्डल, पूना, १९६४

वाचास्पत्याम्, तारानाथ तर्कवाचस्पति, कलकत्ता, १८८३ (वि.सं. १९२९)

वैदिक पादानुक्रमकोष, संहिता भाग १, खण्ड ४, होशियारपुर, १९५४

शब्दकल्पद्रुम, राधाकान्तदेव, कलकत्ता, शक १८०८ (१८८६ ई.), पुनःप्रकाशित चौखम्बा सीरीज, वाराणसी, १९६७

संस्कृत-इंगलिश डिक्शनरी, मोनिअर मोनिअर विलियम्स सम्पादित, ऑक्सफोर्ड, १८९९; पुनःप्रकाशित, दिल्ली, १९६४

आधुनिक अध्ययन ग्रन्थ

अग्रवाल, वासुदेव शरण, *इण्डिया एज नोन टु पाणिनि*, लखनऊ, १९५३

अग्रवाल, वासुदेवशरण, *मार्कण्डेय पुराण* (एक सांस्कृतिक अध्ययन), हिन्दुस्तानी एकेडेमी, इलाहाबाद १९८६१

अग्रवाल, वासुदेवशरण, *मत्स्य पुराण-ए स्टडी,* काशिराज ट्रस्ट, रामनगर, वाराणसी, १९६३

अग्रवाल, वासुदेवशरण, *पाणिनिकालीन भारतवर्ष* (अष्टाध्यायी का सांस्कृतिक अध्ययन), मोतीलाल बनारसी दास, वाराणसी, वि.सं. २०१२ (१९६६ई.)

अग्रवाल, वासुदेव शरण, *हर्षचरित* (एक सांस्कृतिक अध्ययन), बिहार राष्ट्रभाषा परिषद्, पटना, १९५३

अभिलेख

अशोक के अभिलेख, राजबली पाण्डेय, ज्ञानमण्डल लिमिटेड, वाराणसी, वि. सं. २०२२

खारवेल का हथीगुम्फा अभिलेख, काशी प्रसाद जायसवाल एवं राखाल दास बनजी, *एपिग्राफिआ इण्डिका,* भाग २०, पृ. ७१-८९

राज्जान अभिलेख, एपिग्राफिआ इण्डिका, डी. आर. भण्डारकर, भाग १८, १९२५-१९२६, पृ. २३५-२५७ (हिमाचलादास्थितसेतुसीमतः) पंक्ति ६, श्लोक ८

हिस्टोरिकल एण्ड लिटरेरी इंस्क्रिप्शंस, राजबली पाण्डेय, चौखम्बा संस्कृत सीरीज ऑफिस, वाराणसी, १९६२

भू-वैज्ञानिक ग्रन्थ

मुखोपाध्याय, बसब, *जिओलोजिकल सर्वे ऑफ़ इण्डिया* (नेट), २०११

□□

शब्दानुक्रमणी

ह

ज्ञ